ALFRED

OU

LA BONNE TÊTE!!

VAUDEVILLE EN UN ACTE,

Par MM. Achille DARTOIS et Th^{re}. ANNE,

REPRÉSENTÉ POUR LA PREMIÈRE FOIS, A PARIS, SUR
LE THÉATRE DU VAUDEVILLE, LE 11 JUIN 1824.

Prix : 1 Franc 50 Cent.

PARIS,

CHEZ QUOY, LIBRAIRE,
ÉDITEUR DE PIÈCES DE THÉATRE,
Boulevard Saint-Martin, N°. 18 ;
Et Chez BARBA, Libraire, Palais-Royal.

1824.

PERSONNAGES.   Acteurs.

M. DE SIRVAL, oncle d'Alfred. M. Guillemin.

ALFRED, son neveu, chef d'escadron. . . . . M. Fédé.

[Ce rôle doit être joué en habit du jour : seulement le ruban de la croix à la boutonnière, indiquera l'état du personnage.]

SAINT-LEON, son ami, capitaine de hussards. . . . . M. Armand.

[Même costume.]

ELISE DE BLAINVILLE, jeune veuve. . . . . Mlle. Clara.

CELINE, orpheline. . . . . Mlle P. Geoffroy.

La Scène se passe à trente lieues de Paris, dans la maison de campagne de M. De Sirval.

Tous les débitans d'exemplaires non revêtus de la signature de l'Editeur seront poursuivis comme contrefacteurs.

Vû au Ministère de l'Intérieur, conformément à la décision de Son Excellence, en date de ce jour.

Paris, le 25 Avril 1824.
Par ordre de Son Excellence,
Le chef-adjoint, Coupart.

Imprimerie de Hocquet, rue du Faubourg Montmartre, n° 4.

ALFRED

VAUDEVILLE EN UN ACTE.

Le Théâtre représente un Salon, ouvert de chaque côté, et par le milieu. Les croisées du fond laissent appercevoir un jardin.

SCÈNE PREMIÈRE.

M. DE SIRVAL, ALFRED, *un fusil à la main.*

M. DE SIRVAL.

A la fin, je te trouve... Parbleu ! c'est fort heureux ! et d'où viens-tu donc si matin, monsieur le mauvais sujet ?

ALFRED.

Vous le voyez, mon oncle, je reviens de la chasse.

M. DE SIRVAL.

De la chasse... tout seul... à quel propos ?

ALFRED.

D'après la conversation que nous avons eue ensemble, hier soir, au sujet du mariage que vous avez projeté entre ma cousine et moi, je suis sorti de bonne heure pour réfléchir...

M. DE SIRVAL.

Le matin, les idées sont plus saines.

ALFRED.

Oui, et j'avais pris mon fusil par motif de distraction... Mais la perspective de mon hymen que j'avais devant les yeux, m'a fait manquer six pièces de gibier qui étaient au bout de mon fusil... D'honneur, si j'étais fataliste, cela m'effrayerait.

M. DE SIRVAL, *riant.*

Prends garde à toi...

ALFRED.

Heureusement que j'ai pris ma revanche sur quelques-autres, avec une adresse qui m'a tout-à-fait rassuré... Tenez : trois perdreaux et un lièvre... Ce gaillard-là a été tué de loin, je vous en réponds.

Air : *Vaudeville de partie carrée.*

Pour avoir le coup-d'œil si juste
Il faut être jeune vraiment ;
A quatre-vingts pas je l'ajuste,
Et crac, il tombe au même instant !

M. DE SIRVAL.

Quatre-vingts pas ?

ALFRED.

Et même davantage.
Ah ! c'est un coup superbe assurément !
Et ce n'est pas, mon cher oncle, à votre âge
Qu'on peut en faire autant.

M. DE SIRVAL.

Toujours le même caractère... Et voilà tout ce que tu as trouvé à la chasse ?

ALFRED.

Non pas... oh! j'y ai trouvé ma femme aussi.

M. DE SIRVAL.

Ta femme !

ALFRED.

Sans doute ; tout le bien que vous m'avez dit de Céline a décidé mon choix, et je l'épouse.

M. DE SIRVAL.

Je savais bien que tu y viendrais !

ALFRED, *à part.*

Et pourquoi d'ailleurs songer davantage à Mme de Blainville ? n'est-elle pas mariée ? (*Haut.*) Cependant, j'ai une arrière pensée.

M. DE SIRVAL.

Une arrière pensée.

ALFRED.

Ecoutez donc ; Céline est jeune, belle, aimable... c'est un ange de douceur... elle a du goût... elle m'aimera... tout le fait présumer... mais il ne faut jurer de rien... Si, oubliant ses sermens, Céline allait plus tard...

M. DE SIRVAL.

Allons, tu es un fou, et cette pensée ne fait pas honneur à un militaire.

ALFRED.

Pourquoi donc, s'il vous plaît ?

M. DE SIRVAL.

Air : *Vaud. du Piége.*

Comment un soupçon si léger,
Mon cher, a-t-il donc pu t'atteindre ?
Jamais il ne fut de danger
Qu'un brave guerrier puisse craindre.

ALFRED.

Comme vous je ne pense pas ;
On peut, quand on a du courage,
Braver les hasards des combats
Et craindre ceux du mariage.

M. DE SIRVAL.

Ce mariage-là fera ton bonheur, j'en suis certain. Céline n'a que seize ans. C'est ta cousine, la fille de mon frère, un brave marin, qui vint mourir dans mes bras des suites de nombreuses blessures reçues en défendant glorieusement le pavillon Français. J'ai promis de veiller sur cet aimable enfant, et je ne puis te donner, mon cher Alfred, une plus grande preuve de mon amitié qu'en te chargeant d'acquitter ma parole. Vous serez mes seuls héritiers ; et j'aime mieux confondre ainsi mes cinquante mille livres de rente, que de les diviser par un double hymen...

ALFRED.

C'est penser noblement... mais ce n'est pas l'intérêt...

M. DE SIRVAL.

Je sais que tu ne tiens pas à l'argent, et que tu le dépenses même avec une facilité...

ALFRED.

Oh ! oui... avec une grande facilité...

M. DE SIRVAL.

Je n'ai jamais le courage de me fâcher contre toi... c'est faiblesse peut-être... soit ! je ne m'en défends pas ; mais, quand je me souviens que tu es le fils d'une sœur adorée, et qui me fut trop tôt ravie, je ne puis me corriger de ce défaut.

ALFRED.

Vous êtes trop sévère, mon oncle? c'est parbleu bien une qualité!

M. DE SIRVAL.

Votre neveu, me disait-on, est un mauvais sujet...

ALFRED.

Un mauvais sujet!

M. DE SIRVAL, *vivement*.

Soit! ai-je répondu, mais je les aime, moi... Je déteste ces Catons de vingt ans, qui, sous le masque trompeur d'une régularité dont ils secouent le joug en secret, cachent la plus coupable hypocrisie.

ALFRED.

Bien!

M. DE SIRVAL, *de même*.

Alfred est rempli d'honneur...

ALFRED.

Très-bien!

M. DE SIRVAL.

Son âme est franche; et je suis certain qu'il ne sera jamais ingrat envers un oncle qui le chérit si tendrement.

ALFRED.

On ne peut mieux... vous m'avez bien jugé.

M. DE SIRVAL.

Pour le guérir de cette fougue de jeunesse, ai-je ajouté, je vais le marier... Ce que j'ai dit, je le fais; ce soir, nous signerons, et demain, la noce!

ALFRED.

Demain?... (*à part.*) Ah! Mme de Blainville, Mme de Blainville... (*haut.*) J'accepte, mon oncle, faites dresser le contrat.

M. DE SIRVAL.

Voilà parler! je le disais bien qu'en te prenant par la douceur, je ferais de toi tout ce que je voudrais!.. Ah! j'oubliais... tu ne sais pas? la noce sera d'autant plus charmante que Mme de Blainville...

ALFRED, *vivement*.

Mme de Blainville! Elise!... elle viendrait?

M. DE SIRVAL.

Mieux que cela, elle est arrivée ce matin.

ALFRED.

Ce matin?... (*à part.*) et moi qui étais à la chasse !

M. DE SIRVAL.

Saint-Léon, son parent, le capitaine de hussards, l'a accompagnée.

ALFRED.

Saint-Léon... mon meilleur ami...

M. DE SIRVAL.

Elle venait voir Céline... je lui ai appris ton mariage... cela a paru lui faire plaisir... A propos, elle est veuve depuis un an.

ALFRED.

Quoi ! Blainville !...

M. DE SIRVAL.

Oh ! mon Dieu ! oui... mais je vais trouver le notaire...

ALFRED, *l'arrêtant.*

Mon oncle, un instant...

M. DE SIRVAL.

Je n'ai pas le temps...

ALFRED.

Ecoutez-moi donc...

M. DE SIRVAL.

Demain... demain... je suis sûr que tu me béniras !...

(*Il sort.*)

SCÈNE II.

ALFRED, *seul.*

C'est que voilà un incident qui change tous mes projets !... Si j'avais pu penser que cette Elise que j'ai tant aimée, que j'aime encore.. Diable d'oncle, qui ne me dit cela qu'après... D'un côté, Mme de Blainville ; de l'autre, la parole que je viens de donner... Un oncle respectable... Oui, c'est l'oncle qui me gêne le plus... mais aussi il a tort !... Si je trouvais quelqu'expédient. (*avec feu.*) Elise ! elle est veuve ! elle me pardonnerait sans doute tous mes torts... et, ce soir même, je serais marié ! oui, c'est décidé !... Mais comment faire... il faut que Céline ait un mari... elle comptait là-dessus.

SCÈNE III.

SAINT-LÉON, ALFRED.

ALFRED.

Saint-Léon! eh bonjour, mon ami; mon oncle vient de m'annoncer ton arrivée et celle de madame de Blainville.

SAINT-LÉON.

Oui, nous arrivons fort à propos pour ton mariage avec la charmante Céline.

ALFRED.

La charmante, ah! quelle idée! oui, mon ami, elle est charmante, c'est un dieu qui t'a conduit ici... c'est cela même... j'ai besoin de toi, tu es jeune, aimable, fortuné, revêtu d'un grade honorable... tu plairas.

SAINT-LÉON.

Mais que veux-tu dire?

ALFRED.

Je te dis que tu plairas; d'ailleurs je l'ai mis dans ma tête, et il faut que cela soit. Dis-moi, es-tu amoureux?

SAINT-LÉON.

Pourquoi cette question?

ALFRED.

Es-tu amoureux?

SAINT-LÉON, *à part.*

Est-ce qu'il saurait?

ALFRED.

Parle franchement, d'abord je t'en avertis, es-tu amoureux?

SAINT-LÉON.

Non.

ALFRED.

Vrai?.. c'est que tu me connais? Je vais m'expliquer avec franchise, et tu sais que je veux qu'on agisse de même avec moi? car celui qui me tromperait... mais tu es mon ami, je ne te soupçonne pas. Puisque tu n'es pas amoureux, tu vas le devenir...

SAINT-LÉON.

Moi? (*à part.*) Allons, il n'est pas du tout changé.

ALFRED.

De plus, je te marie.

SAINT-LEON.

Avec qui?

ALFRED.

Avec ma cousine...

SAINT-LEON, *vivement.*

Céline... que signifie cette plaisanterie?

ALFRED.

Parbleu! ce n'en est pas une.

SAINT-LEON.

Mais tu signes ce soir.

ALFRED.

Hé bien, tu signeras à ma place; apprends ce que jusqu'à présent j'avais caché à toi, à tout le monde, et juge de ma situation.

SAINT-LEON, *étonné.*

Je t'écoute.

ALFRED.

C'est un vrai roman, auquel d'honneur il ne manque que le mariage obligé.

SAINT-LEON, *à part.*

Que va-t-il me dire?

ALFRED.

J'étais fort jeune quand le hasard offrit à mes yeux ta jeune cousine, Elise de Mirbel; elle avait à peine quatorze ans, et déjà tout ce qu'il fallait pour me plaire, au point que je la crus faite exprès pour moi.. j'en devins amoureux, mais amoureux fou!.. Je voulus l'épouser.

SAINT-LEON.

La conséquence est toute naturelle.

ALFRED.

Malheureusement, j'avais déjà la réputation d'être un mauvais sujet.

SAINT-LEON.

Il paraît que tu as commencé de bonne heure.

ALFRED.

On me refuse, et l'on autorise les assiduités de M. de Blainville; à cette nouvelle, ma tête s'exalte, je ne me connais plus, et je ne trouve d'autre moyen d'évincer mon rival que de l'appeler en duel.

Alfred.

SAINT-LEON.

Bien trouvé.

ALFRED.

Je le blessai dangéreusement; ce fut alors que je sentis toute ma faute, et pour la faire oublier à celle que j'aimais, je quittai le Poitou, mon pays natal, et je me fis soldat dans le premier régiment que je rencontrai.

SAINT-LEON.

Je m'en souviens, c'est de là que date notre amitié.

ALFRED.

Aujourd'hui je reviens après dix ans de service, chef d'escadron, officier de la légion d'honneur, couvert de quelque gloire... Mon oncle, des bontés duquel j'attends toute ma fortune, veut me marier avec une jeune cousine fort aimable, fort belle, douée de toutes les qualités; en un mot, tu vois en moi un homme désespéré..

SAINT-LÉON.

Désespéré!

ATFRED.

Certainement!.. si j'ai consenti ce matin à épouser cette jeune personne, puis-je le faire à présent quand Elise est ici, quand je sais qu'elle est veuve et libre de disposer de sa main.

SAINT-LÉON.

Alors...

ALFRED.

Alors... je reprends Elise et te donne Céline.

SAINT-LEON.

C'est toi seul qui arranges tout cela?

ALFRED.

Il faudra bien que mon oncle y consente.

SAINT-LEON.

Ainsi pour t'obliger, il faut que je joue le rôle d'un amant impromptu. (à part) quel heureux hasard!

ALFRED.

Verrais-tu quelques difficultés à faire ce que je te demande? Ne connais-tu point Céline? sa figure....

SAINT-LEON, *vivement*.

Est angélique!

ALFRED.

Peste, comme tu t'enflammes. Allons, tu n'auras pas de

peine à l'aimer... et puis, mon cher, cette terre lui reviendra. Une vallée charmante!.... des paysannes... le sang y est superbe... toi qui es chasseur.

Air : *Vaud. de l'Avare.*

C'est un vrai pays de Cocagne,
Nul ne peut valoir celui-là ;
Dans les bois et dans la campagne,
Lièvre par ci, lapin par là...
Vrai! c'est à qui vous surprendra !
Femmes, gibier de toute race,
Faisans, perdrix, jeunes beautés,
Il en part de tous les côtés...
Ah! quel beau pays pour la chasse !

Il y a aussi quelques bécasses, mais elles sont rares.... Ah ça! c'est entendu... tu consens, tu acceptes, tu épouses et tu signes.

SAINT-LEON, *riant.*

Oui, je fais tout cela.

ALFRED.

Ah! mon cher ami, que je t'embrasse! quelle reconnaissance je t'aurai! Je vais changer d'habits pour me présenter à Elise, puis je verrai mon oncle, Céline... Il faut que mon projet réussisse... l'idée de mon mariage avec madame de Blainville me met dans une joie.. dans une joie... si je n'en perds pas la tête, je serai bien heureux.

(*Il sort en courant.*)

SCÈNE IV.

SAINT-LEON, Mme DE BLAINVILLE, CELINE.

Elles arrivent pendant la phrase suivante.

SAINT-LEON.

J'étais loin de m'attendre à ce qui m'arrive .. venir me proposer... il ne pouvait mieux s'adresser.

Mme DE BLAINVILLE.

Eh bien, avez-vous vu Alfred ?

SAINT-LÉON.

Oui.

CÉLINE.

Ah! j'ai bien peur d'être la femme de cet étourdi... votre cousine dit qu'elle ne peut trouver aucun moyen d'empêcher ce mariage.

SAINT-LÉON.

Mais il est inutile de trouver un moyen.

CÉLINE.

Et vous aussi vous voulez que je me marie avec ce mauvais sujet?

SAINT-LÉON.

Il n'y a rien à craindre.

CÉLINE.

Pouvez-vous plaisanter?

SAINT-LÉON.

Je parle sérieusement... il ne veut plus vous épouser.

CÉLINE.

Cela se peut-il?

SAINT-LEON.

Il veut que je sois votre mari!

Mme DE BLAINVILLE.

De plus fort en plus fort!

SAINT-LEON.

Vous m'en voyez encore tout étonné.

Air *du Petit courrier.*

Sans savoir par où commencer,
J'allais parler de vous, Céline;
Près de celle qu'on lui destine
Il m'offre de le remplacer.
—Je te la donne; que t'en semble?
Moi, je dis oui sans hésiter:
Une femme qui vous ressemble...

CÉLINE, *naïvement.*

Cela doit toujours s'accepter.

Mme DE BLAINVILLE.

C'est un joli cadeau qu'il vous fait.

SAINT-LEON.

Et c'est pour vous qu'il la refuse.

Mme DE BLAINVILLE.

Comment pour moi?

SAINT-LEON.

Oui c'est vous qu'il prend pour femme.

Mme DE BLAINVILLE.
Et avec qui a-t-il arrangé tout cela ?
SAINT-LEON.
Avec lui-même... ce qui ne l'empêche pas de regarder votre mariage comme une chose faite.
Mme DE BLAINVILLE.
Il a osé ?
SAINT-LÉON.
Ah ! mon Dieu ! oui... voilà ses paroles.

Air : *Ma sœur et moi dans un naufrage*, (de l'Ile des Noirs).

Lorsque j'ai quelque chose en tête,
Cela, mon cher, vaut une loi :
C'est, dit-il, une chose faite,
A toi Céline, Elise à moi.
MAD. DE BLAINVILLE.
Il me croit déjà sa conquête ;
Soit ! mais je ne puis l'épouser...
CÉLINE, *vivement*.
Puis que c'est une chose faite,
Il n'est plus temps de refuser.

Mme DE BLAINVILLE.
Vous avez des projets d'une extravagance...
CÉLINE.
Ma bonne amie !
Mme DE BLAINVILLE.
Croyez-vous que je ne connaisse pas le caractère léger d'Alfred ? je sais ce que c'est qu'un mari... Je ne me remarierai point.
CÉLINE.
Que dis-tu donc là ?... rappelle-toi ce que tu m'écrivais...
Mme DE BLAINVILLE.
Ou si je contracte de nouveaux liens...
SAINT-LÉON
A la bonne heure !, voila déjà un amendement.
Mme DE BLAINVILLE.
Je veux que mon époux me convienne, qu'il soit sage, tranquille...
SAINT-LÉON.
Alfred n'a plus vingt ans.

CÉLINE.

C'est qu'il est bien plus posé qu'autre fois !

SAINT-LÉON.

Comment ! s'il est plus posé ? je m'en suis bien aperçu tout à l'heure !...

CÉLINE.

N'as-tu pas promis, ma chère Elise, de faire tout ce que tu pourrais pour mon bonheur et celui de Saint-Léon.

Mme DE BLAINVILLE.

Sans doute, mais Alfred est si léger, si étourdi...

SAINT-LÉON.

S'il a quelques défauts, n'a-t-il pas beaucoup de qualités ?

Mme DE BLAINVILLE.

Oh ! beaucoup... beaucoup...

SAINT-LÉON.

N'est-il pas brave ?

Mme DE BLAINVILLE, *vivement.*

Rempli d'honneur !

SAINT-LÉON.

Délicat !

Mme DE BLAINVILLE, *vivement.*

Tendre, passionné..

SAINT-LÉON.

Franc ?

Mme DE BLAINVILLE, *vivement.*

Franc, loyal, généreux... ayant une ame élevée, ne pouvant voir le malheur sans y compatir, et non moins prompt à faire une bonne action qu'à la cacher, enfin...

SAINT-LÉON.

A merveille ! allez toujours... je m'aperçois que vous trouvez ses qualités beaucoup mieux que moi.

Mme DE BLAINVILLE.

C'est que je suis indulgente.

CÉLINE, *à part.*

Elle appelle cela être indulgente ! (*Haut.*) Tu vois bien que tu ne peux pas résister.

Mme DE BLAINVILLE.

Mais, ma chère Céline, me sacrifier.

CÉLINE.

Si cela est nécessaire.

SAINT-LÉON.

Alfred va venir... ma cousine, faites quelque chose pour nous.

Mme DE BLAINVILLE.

Je voudrais...

CELINE.

Laisse-toi aimer... charme-le bien... nous nous en rapportons à toi.

Mme DE BLAINVILLE.

S'il y avait un autre moyen...

CÉLINE.

Je n'en vois pas.

SAINT-LEON.

Air : *Mon cœur à l'espoir s'abandonne.*

Je sors, mais rempli d'espérance,
Je me confie à votre cœur ;
Songez que mon impatience
Du temps accuse la lenteur.

CÉLINE.

Traite-le bien, je t'en supplie.

SAINT-LÉON.

De vous dépend notre avenir.

CÉLINE.

Si ce n'est pas pour toi, ma bonne amie,
Epouse-le pour nous faire plaisir.

CÉLINE.

Ensemble.
Tu vois que notre impatience
Du temps accuse la lenteur ;
Réalise notre espérance,
En assurant notre bonheur.

MAD. DE BLAINVILLE.

Je sens que votre impatience
Du temps accuse la lenteur ;
Mais je ne puis, en conscience,
Vous promettre encor le bonheur.

SAINT-LÉON.

Je sors, mais rempli d'espérance, etc.

St.-Léon et Céline sortent.

SCÈNE V.

Mme DE BLAINVILLE, seule.

Vouloir que j'épouse Alfred... quelle idée... l'épouser ! oh ! non ! l'état de veuve est si doux !

Air : *Vaud. d'Elle et Lui.*

Jeune, on veut dans le mariage
Trouver le suprême bonheur,
Et sans réfléchir on s'engage ;
Mais d'un espoir aussi flatteur,
Le temps bientôt détruit l'erreur.
Sur une promesse éphémère
Vous rêvez un doux avenir ;
Le bonheur n'est qu'une chimère,
Il fuit quand on croit le saisir.

Cependant, si plus raisonnable, Alfred était changé....

ALFRED, *paraissant à la porte de côté.*

C'est elle !...

SCÈNE VI.

Mme DE BLAINVILLE, ALFRED, *accourant comme un fou.*

ALFRED.

Ah ! madame, après une si longue absence, que je suis aise de vous retrouver !... on dit que vous êtes veuve... que c'est heureux! que c'est heureux !...

Mme DE BLAINVILLE.

Monsieur !...

ALFRED.

Oui, madame, je soutiens que c'est fort heureux pour vous et pour moi, parce que...

Mme DE BLAINVILLE.

Il faut avouer, monsieur, que vous avez une singulière manière de vous exprimer, et vous donneriez une idée peu avantageuse de votre caractère à ceux qui ne le connaîtraient pas.

ALFRED.

Pourquoi donc? quand je dis que c'est heureux... certes, c'est très-malheureux pour lui... c'était un brave homme... je suis très-fâché de ce qui lui est arrivé !... mais je suis fort content que vous soyez veuve...

Mme DE BLAINVILLE.

Mais encore une fois, monsieur...

ALFRED.

Ah! madame, si vous ne me comprenez pas, il y a mauvaise volonté de votre part!

Mme DE BLAINVILLE.

Que voulez-vous dire... voyons...

ALFRED.

Pouvez-vous me le demander... il y a si long-temps que je vous aime!... poussé par la guerre dans des climats lointains[1], l'absence n'a rien pu sur mon cœur... l'idée de vous savoir liée au sort d'un autre m'engageait seule à céder aux desirs de mon oncle, à me marier avec Céline... mais je vous retrouve veuve, maîtresse de votre main, telle à mes yeux que je vous ai quittée... je vous aime plus que jamais, et il faut absolument que vous m'épousiez... voilà ce que je veux vous dire.

Mme DE BLAINVILLE.

Hé bien, c'est très-clair...

ALFRED.

N'est-il pas vrai?

Mme DE BLAINVILLE, *émue*.

Ainsi, depuis si long-temps, avec votre caractère vous me soutiendrez que votre amour...

ALFRED.

Oui, madame.

Air de *Préville et Taconnet*.

Point de soupçon, devant vous j'en appelle;
   Cet amour-là fut le premier;
Et vainement auprès d'une autre belle
J'aurais voulu chercher à l'oublier. *(bis)*
Lorsque l'amour, qui d'abord nous enflamme,
Et qui chez nous trouve un facile accès,
Est inspiré par d'aussi doux attraits,
Comme l'honneur il se grave en notre âme, } *bis.*
Et comme lui ne nous quitte jamais!

Mme DE BLAINVILLE.

Quoi! dans les pays que vous avez parcourus, vous n'avez point trouvé de femmes.

ALFRED.

Non, madame; jugez-vous mieux, de grâce.

Alfred. 3

Air : *Vaud. de Psyché.*

Pour remplacer en mon cœur votre image,
Je l'avouerai, j'ai fait ce que j'ai pu ;
J'ai rencontré beautés au doux langage,
Dont l'air naïf annonçait la vertu ;
Partout, lassé de mes étourderies,
Je me suis mis à chercher, à rêver...
  J'ai vu bien des femmes jolies, } *bis.*
  Je n'ai pas pu vous retrouver.

Mme DE BLAINVILLE, *à part.*

Comme il a l'air de bonne foi ! (*Haut.*) Il est vraiment curieux de vous entendre parler ainsi au moment où vous allez signer le contrat qui vous unit à mon amie.

ALFRED.

Du tout, du tout, je ne signe pas ! Est-ce que Saint-Léon ne vous a pas dit ?... Un mot de vous, et je vous épouse.

Mme DE BLAINVILLE.

Songez que je ne puis rien décider, que votre oncle seul...

ALFRED.

Mon oncle ?... j'en fais mon affaire.

Mme DE BLAINVILLE, *à part.*

Il a réponse à tout.

ALFRED.

Vous hésitez ?...

Mme DE BLAINVILLE.

Monsieur... voyez votre oncle. (*Elle va pour sortir, Alfred la ramène par la main.*)

ALFRED.

Air : *Je regardais Madelinette.*

Moment de bonheur et de gloire !
Enfin je triomphe de vous !

MAD. DE BLAINVILLE.

Comment, Monsieur, vous pourriez croire ?

ALFRED.

De mes jours voilà le plus doux !
Puisque vous dites qu'à ma flamme
Votre cœur répond, tout est vu.

MAD. DE BLAINVILLE, *vivement.*

Je ne l'ai pas dit.

ALFRED.

   Non, Madame ;
Mais moi je l'ai bien entendu.

ALFRED.
Moment de bonheur et de gloire !
Enfin je triomphe de vous ;
Jamais la plus belle victoire
Ne m'offrit un prix aussi doux.

Ensemble.

Mad. DE BLAINVILLE.
A notre hymen il ose croire,
Et pour lui c'est un prix bien doux ;
Pour ne pas doubler sa victoire,
Il en est temps, éloignons-nous.

(*Elle sort.*)

SCÈNE VII.

ALFRED, M. DE SIRVAL.

ALFRED.
C'est à mon oncle à présent qu'il me faut avoir affaire.

M. DE SIRVAL.
Ah ! mon ami, Céline est à toi quand tu voudras… Le contrat est dressé, la dot, les avantages sont stipulés.

ALFRED.
Hé bien ! ce n'est plus ça.

M. DE SIRVAL.
Hein !

ALFRED.
Vous ne m'entendez plus, mon cher oncle, ce n'est plus ça.

M. DE SIRVAL.
Quest-ce que tu dis ?

ALFRED, *à part.*
J'en étais sûr ; il ne veut pas entendre. (*Haut.*) Je dis qu'il s'est passé bien des choses depuis que vous m'avez quitté ; d'abord, je n'épouse pas Cécile.

M. DE SIRVAL.
Plaît-il ?

ALFRED.
Je n'épouse pas Céline, qu'y a-t-il de si étonnant ?

M. DE SIRVAL.
Pensez-vous à ce que vous dites, Monsieur, et avez-vous bien réfléchi ?

ALFRED.

Je vous en réponds, par exemple; si je n'avais pas réfléchi, vous parlerais-je comme ça !

M. DE SIRVAL.

Ce n'est pas possible.

ALFRED.

Si fait.

M. DE SIRVAL, *vivement et avec force.*

Non, monsieur.

ALFRED, *le priant.*

Mon oncle...

M. DE SIRVAL, *de même.*

Certes! je vous aime beaucoup! mais ce que je n'aime pas, c'est qu'on veuille agir contre mon gré... (*avec sentiment*) quoi! un brave marin en expirant pour l'état m'aura laissé le soin de veiller sur sa fille! pour la rapprocher encore de moi, je veux lui donner celui que je regarde comme mon fils... et vous oseriez... non monsieur, non, vous dis-je, ce n'est pas possible!

Air : *Il me faudrait quitter*, etc.

Cet hymen, sur votre promesse,
Vous me l'avez fait annoncer;
Sans manquer de délicatesse,
Vous ne pouvez y renoncer.
Quand il s'agit d'une faute légère,
Jamais je n'use de rigueur,
Et je vous cède de bon cœur :
Mais j'ai toujours du caractère,
Quand il faut tenir à l'honneur.

ALFRED.

Mais si vous vouliez m'entendre...

M. DE SIRVAL, *vivement.*

Tout ce que tu me dirais serait inutile !.... voyons quelles sont tes raisons?

ALFRED, *cherchant.*

Mes raisons... mes raisons... je n'en manque pas de raisons... (*vivement*) d'abord elle est trop gauche, trop timide, trop jeune pour moi...

M. DE SIRVAL.

C'est-à-dire que tu te plains de ce que la mariée est trop belle... il te faut une femme qui sache tout.

ALFRED, *vivement*.

Précisément... on ne peut pas disputer des goûts.

M. DE SIRVAL.

En vérité, je ne conçois pas la jeunesse d'aujourd'hui... de mon temps...

ALFRED.

A vous entendre, mon oncle, les Français d'aujourd'hui diffèrent de ceux d'autrefois ?

M. DE SIRVAL.

Incontestablement... est-ce que je te ressemble, moi ?

ALFRED.

Cette fois mon oncle, vous avez tort.

M. DE SIRVAL.

Lisez l'histoire,... voyez si vous êtes ce que nous étions...

ALFRED.

Air *des Comédiens*.

J'ai du respect pour notre ancienne histoire,
Et son éclat est par moi révéré ;
Rien n'est plus beau ! mais notre jeune gloire,
Je le soutiens, n'a pas dégénéré.
Chefs ou soldats, généreux, intrépides,
Pour leur pays, pleins d'une noble ardeur,
Dans les combats les vieux Français pour guides,
Prenaient toujours et le prince et l'honneur !
Quand on menace aussi notre province,
Sous les drapeaux, ardens à nous ranger,
Pour secourir la patrie et le prince,
Nous volons tous, sans penser au danger.
Si des guerriers, dont la gloire est certaine,
Ont illustré jadis nos étendards,
De notre temps, plus d'un grand capitaine
A rappelé les Fabert, les Villars.
Si l'on demande : où sont donc les Athlètes,
Dont Melpomène a droit de s'applaudir,
Je montrerai tous nos jeunes poètes,
Et je dirai qu'on les laisse grandir.
Sots et méchans, lorsque je vous rencontre,
Je ne saurais m'empêcher de frémir !..
Pour vous frapper, nul auteur ne se montre,
Molière seul ne peut plus revenir.
Si la peinture au temple de mémoire,
A su placer et Lebrun et Mignard,
Le temps aussi consacrera la gloire

Des Girodet, des Vernet, des Gérard.
De la beauté, vantrez-vous les charmes?
Comme autrefois l'aimant avec respect,
Pour la venger nous saisirions nos armes,
Et notre cœur s'agite à son aspect.
Oui, justement, l'amour nous recommande,
Nous savons plaire encore à la beauté...
Si l'on en doute, Eh! bien! qu'on le demande
Dans les pays où nous avons été.
En souvenirs notre patrie abonde,
Rien ne saurait égaler sa splendeur;
D'un pôle à l'autre, oui, jusqu'au bout du monde,
Ses nobles fils ont porté sa grandeur.
Vif et léger, esclave de la mode,
Du doux plaisir reconnaissant les lois,
Et de l'honneur suivant toujours le code,
Voilà quel fut le Français d'autrefois.
Du tendre amour suivant aussi l'empire,
De son pays noble et vaillant appui,
Prêt à combattre et non moins prêt à rire,
Voilà quel est le Français d'aujourd'hui.

M DE SIRVAL, *à part.*

Il est charmant! ce mauvais sujet là a une manière de me prendre... je sens que malgré moi je cède... (*haut*) enfin pourquoi...

ALFRED.

Tenez, franchement, mon oncle, je ne veux pas épouser Céline, parce que j'ai retrouvé Elise... plus aimable que jamais.

M. DE SIRVAL.

Madame de Blainville?

ALFRED.

C'est cela!

M. DE SIRVAL, *à part.*

Je ne m'étonne plus.

ALFRED.

Et si vous vouliez, mon bon oncle, il n'y aurait qu'un changement à faire... tout serait pour le mieux.

M. DE SIRVAL.

Tout serait pour le mieux...

ALFRED.

Oui, je ne vous demande qu'un changement... Saint-Léon épouserait Céline, moi Elise... par ce moyen Céline aurait un mari et moi j'aurais une femme...

M. DE SIRVAL.

Mais Céline?...

ALFRED.

Elle consentira...

M. DE SIRVAL.

Saint-Léon.

ALFRED, *vivement*.

Il en est fou!... (*à part*) je n'en sais rien, mais c'est égal.

M. DE SIRVAL.

Madame de Blainville?

ALFRED.

Elle m'adore.

M. DE SIRVAL.

Mais sais-tu ce que tu refuses dans Céline? si tu connaissais comme moi son caractère angélique, sa douceur, son ame aimante, tu réfléchirais peut-être avant de rompre tes engagemens.

ALFRED.

N'importe! je romps... je ne puis être heureux qu'avec madame de Blainville... vous m'aimez mon bon oncle, et vous ne voulez que mon bonheur.

M. DE SIRVAL.

Que tu connais bien mon faible pour toi, allons... (*A part.*) au fait il m'a donné des raisons. (*Haut.*) Je vais trouver Céline... je sonderai ses intentions et si elle n'a pas de répugnance pour monsieur de Saint-Léon... mais songe bien qu'une fois...

ALFRED, *vivement*.

Vous verrez si j'ai bien fixé mon choix.

M. DE SIRVAL.

Air : *Tu vas changer de costume et d'emploi.*

Je vais plaider pour toi.

ALFRED.

Je vous attends.
Oui, mettez-moi promptement en ménage,
Je vous ferai bien des remercîmens.

M. DE SIRVAL.

Ne va pas changer de langage.

ALFRED.
A mes sermens vous pouvez vous fier :
Disposez donc Céline, je vous prie ;
Et si je puis enfin me marier,
Ce sera ma dernière folie.

ALFRED.
Allez plaider pour moi, je vous attends ;
Oui, mettez-moi promptement en ménage,
Je vous ferai bien des remercîmens :
Je ne puis changer de langage.

Ensemble.

M. DE SIRVAL.
Je vais plaider pour toi, tiens tes sermens :
Oui, je te mets dès ce soir en ménage.
Tu me promets bien des remercîmens ;
Ne va pas changer de langage.

(*M. De Sirval sort.*)

SCÈNE VIII.

ALFRED, CELINE, *elle regarde sortir son oncle, et se tient un peu éloignée.*

ALFRED.
Allons, allons, tout va bien et mon oncle aussi... je vais être l'homme du monde le plus heureux.

CELINE, *à part*.
Il vient sans doute de parler à mon oncle... s'il pouvait avoir obtenu le changement! (*Haut.*) mon cousin.

ALFRED, *l'apercevant.*
Céline... (*A part.*) diable ! je vois qu'il faut que je lui annonce moi-même... préparons-la à cette nouvelle. Un homme comme moi, ne se perd pas sans regrets.

CELINE.
Mon oncle était avec vous !

ALFRED.
Il me quitte pour vous chercher.

CELINE.
Savez-vous pour quel motif?

ALFRED.
Oh! pour une bagatelle ! (*A part.*) il ne faut pas que je m'estime trop haut! (*à Céline.*) Il veut je crois, vous entretenir de l'hymen qu'il a projetté entre vous et moi.

CÉLINE, *vivement.*
Est-ce qu'il aurait changé d'avis? ne me cachez rien.
ALFRED.
Il desirerait s'assurer si cet hymen vous offrait beaucoup de charmes.
CELINE, *à part.*
Il est déjà convenu de tout avec mon oncle. (*Haut.*) Ah! mon cousin, quelle délicatesse!
ALFRED, *à part.*
Elle tient à moi, c'est clair! (*Haut.*) je ne mérite pas qu'on ait beaucoup d'amour pour moi.. j'ai tant de défauts.
CÉLINE, *vivement.*
Vous ne vous rendez pas justice.
ALFRED.

Air: *Vaud. du Premier prix.*

Je n'ai pas un bon caractère.
CÉLINE.
Il est très-bon, pardonnez-moi.
ALFRED.
Je suis vif.
CÉLINE.
Vous êtes sincère!
ALFRED, *à part.*
Rien ne peut lui causer d'effroi.
(*haut.*) J'ai mauvais goût...
CÉLINE, *vivement.*
Erreur extrême,
Vous avez le goût excellent.
ALFRED, *poussé à bout.*
Enfin, ce n'est pas vous que j'aime.
CÉLINE.
Mon cousin, vous êtes charmant!
ALFRED, *étonné.*
Vous dites?... je ne vous comprends pas.
CÉLINE.
Ne voulez-vous pas épouser madame de Blainville?
ALFRED.
Sans doute.
CÉLINE, *vivement.*
Moi alors, j'épouse monsieur de Saint-Léon. Cela nous arrange tous les deux.
ALFRED.
Ah! cela vous arrange! je crois que je comprends maintenant (*A part.*) et moi qui prenais tant de peine... qui craignais... son amour lui est venu vite. (*Sérieusement à Alfred.*

4

lui-même.) Mais j'y pense... (*Haut.*) est-ce que Saint-Léon était connu de vous ?

CÉLINE, *vivement.*

Je le crois bien... nous nous connaissons beaucoup.

ALFRED.

Beaucoup ?

CÉLINE, *de même.*

Nous nous sommes vus souvent chez Mme de Blainville, à Paris.

ALFRED, *contenant son dépit.*

Fort bien! (*A part.*) Saint-Léon me trompait, moi qui lui montrais tant de franchise. (*Haut.*) Ainsi, Saint-Léon vous aime?

CÉLINE, *vivement.*

A la folie!... vous savez comme il est tranquille? Eh bien! quand il a su que M. de Sirval voulait me marier, il était aussi pétulant que vous ; il ne parlait déjà que d'épées, de pistolets... il voulait se battre.

ALFRED, *à part.*

Se battre!.. contre son ami, au lieu de lui tout avouer.

CÉLINE.

Jugez si nous avons été contens quand vous-même vous lui avez offert... Je vous assure que nous avons bien prié madame de Blainville de ne pas vous refuser, et c'est à notre sollicitation...

ALFRED.

Vraiment ? (*A part.*) J'étais joué !

CÉLINE.

Mais grâce à vous, puisque notre oncle change d'avis, nous voilà tous heureux! Elise vous convient bien mieux que moi, elle est veuve... vous êtes un mauvais sujet.

ALFRED.

Un mauvais sujet?

CÉLINE.

Oui, çe n'est pas une injure!... on dit que les femmes les préfèrent aux autres?

ALFRED.

Et qui vous a dit que j'étais un mauvais sujet?

CÉLINE.

Elise, vous voyez bien que vous lui convenez à tous égards! elle me l'a écrit même...

ALFRED.

Elise!

CÉLINE, *lui remettant une lettre.*

Tenez ; lisez, plutôt.

ALFRED.

Voyons donc, (*Lisant*.) « Ma chère Céline, je connais
» celui que votre oncle vous destine.

CÉLINE.

Passez, passez, mauvais sujet est au bas de la page.

ALFRED, *plus vîte*.

» Je ne vous donnerai point de conseils. Je me bornerai
» à vous dire quel est son caractère... c'est bien le plus
» franc étourdi...

CÉLINE.

C'est là que ça commence.

ALFRED, *continuant*.

» La tête la plus légère que l'on puisse rencontrer...
» enfin c'est ce qu'on appelle un mauvais sujet! » (*Il s'arrête*.)
Un mauvais sujet!

CÉLINE.

Vous voyez que je ne mentais pas...

ALFRED.

Je ne sais pas en vérité où ils ont tous pris cette idée-là?

CÉLINE, *à part*.

Je crois que cela le fâche. (*à Alfred*.) Puisque ce n'est pas
une injure... mais lisez encore, je vous prie...

ALFRED, *avec dépit*.

Je m'en garderai bien, un mauvais sujet... (*à part*.) on ne
peut pas aimer un homme dont on fait un pareil portrait!
On ne voulait donc que rompre mon hymen avec Céline, et
me refuser après... Ah! madame de Blainville, je me vengerai de vous et de Saint-Léon!

CÉLINE.

Vous en avez assez vu, mon cousin, rendez-moi la
lettre.

ALFRED.

Non, je la garde... la tête la plus légère... c'est me
calomnier... et... oui, ma résolution est prise.

CÉLINE, *avec inquiétude*.

Que dites-vous?

ALFRED.

Ce que je dis, Céline?.. que je vous aime, que je vous
adore.

CÉLINE.

Vous m'effrayez... est-ce sérieusement?

ADFRED.

Air *du Pot de fleurs.*

Oui, Céline, je vous épouse !

CÉLINE.

Mon cousin, que dites-vous là ?

ALFRED.

D'être à vous mon âme est jalouse.

CÉLINE.

Ne parlez pas comme cela.

ALFRED.

Avez-vous peur de mon langage,
Quand je brûle pour vos appas ?

CÉLINE.

Oh ! lorsque vous ne brûliez pas,
Vous me plaisiez bien davantage !

Tout-à-l'heure, vous ne parliez que d'Elise ?

ALFRED.

De madame de Blainville ?... elle vous a peut-être dit que je l'aimais ?

CÉLINE.

Oui, mon cousin.

ALFRED.

Rassurez-vous, Céline, elle s'est méprise... elle est, j'en conviens, aimable, jolie, mais légère, étourdie, folle, coquette, avide d'hommages, et prenant souvent pour un sentiment profond, un simple mot de politesse et de galanterie... (*à part.*) Ce portrait-là vaut bien le sien. (*haut.*) nous serions fort mal ensemble... pour faire un bon ménage, il ne faut unir que deux caractères opposés... voilà pourquoi je vous épouse.

CÉLINE.

Vous ne raisonnez pas bien...

ALFRED.

J'ai compté sur vous pour me donner de la sagesse.

CÉLINE.

Air : *de l'Angélus.*

Non, non, je ne pourrai jamais
Vous mettre la sagesse en tête !
Regardez-moi, je me connais,
Pour cela je ne suis pas faite.
Il faut avoir grave maintien,
Il faut être d'un certain âge ;
J'en suis bien sûre, je n'ai rien
De ce qu'il faut pour rendre sage.

ALFRED.

Je veux toujours essayer. (*Tirant sa montre.*) Mais voyez donc, déjà trois heures, et à cinq nous signons...

CÉLINE.
Quoi! mon cousin, vous voudriez réellement.
ALFRED.
N'en doutez pas, Céline...
CÉLINE, *vivement.*
Je ne vous aurais jamais cru si entêté. (*A part.*) Allons tout conter à Elise!.. (*Haut.*) Que va dire madame de Blainville? il n'y a qu'elle qui m'inquiète... parce que moi, si je ne puis pas faire autrement, il faudra bien que je sois votre femme... Mais elle, qui comptait sur vous!... ce sera moi... Adieu, mon cousin! C'est très-mal à vous!
(*Elle sort.*)

SCÈNE IX.

ALFRED, *seul.*

Elle n'est pas contente? tant mieux, je l'epouserai exprès pour la faire enrager! elle me fera peut-être enrager aussi; hé bien! nous nous ferons enrager tous les deux! Il y a des gens qui semblent ne s'être mariés que pour cela! c'est toujours une occupation... Ah! madame de Blainville, je suis un mauvais sujet... et Saint-Léon, il abuse à ce point de ma confiance... c'est affreux!... on se joue de moi, on me force à sortir de mon caractère... Je n'ai rien à me reprocher. Commençons par avertir mon oncle de ma nouvelle résolution, avant qu'il ait vu Céline.
(*Il se retourne et voit M. de Sirval.*)

SCÈNE X.

ALFRED, M. DE SIRVAL.

M. DE SIRVAL.

Air : *Votre pavillon m'enchante.*

Quel bonheur tu vas apprendre!
On m'a cédé sans effort.
Pour signer je viens te prendre,
Mon ami tout est d'accord.
Ah! quel plaisir je sens!
De toi j'ai le droit d'attendre
  Bien des remercimens.

ALFRED, *à part.*
Il les attendra long-temps.
M. DE SIRVAL.
D'abord malgré sa tendresse
Ton Elise a balancé,
Mais enfin j'ai sa promesse.

ALFRED.
Vous vous êtes bien pressé.
M. DE SIRVAL.
Comptant sur tes sermens
Elle attend, dans son ivresse
Le Phénix des amans
ALFRED, à part.
Elle l'attendra long-temps.
M. DE SIRVAL.
Oui, mon ami, Mme de Blainville a répondu à ma confiance par un aveu plein de franchise ; elle m'a parlé des amours de Saint-Léon et de Céline.
ALFRED.
Ah ! elle vous a parlé !...
M. DE SIRVIL.
Ces chers enfans m'avaient fait à tort un secret de leurs sentimens... si je l'avais su, je n'aurais jamais pensé à te faire épouser Céline... Qu'est-ce que je veux, moi ? que tu sois heureux aussi bien que ta cousine... elle aime Saint-Léon ? je la lui donne... le notaire est là.
ALFRED.
Ah ! il est là !
M. DE SIRVAL.
Il dresse les deux contrats...
ALFRED.
Eh bien, je suis prêt à signer celui qui m'unit à Céline.
M. DE SIRVAL.
Tu veux dire à Mme de Blainville.
ALFRED.
Non, non, à Céline.
M. DE SIRVAL, *stupéfait*.
Quoi ! tout-à-l'heure, ici, quand je te la proposais, ne m'as-tu pas toi-même ?...
ALFRED.
J'ai réfléchi... vous aviez raison, mon oncle, et c'est moi qui avais tort... oh ! d'abord je suis trop franc pour ne pas en convenir.
M. DE SIRVAL.
Ah ça ! quels diables de contes me fais-tu là ?... n'est-ce pas Mme de Blainville.
ALFRED.
Je vous dis que j'avais tort, ainsi... oui, mon oncle, j'étais un sot de ne pas m'apercevoir de tout le mérite de Céline... aller préférer une veuve, une femme qui sait ce que c'est que le monde, à une jeune personne simple, innocente, et, comme vous le disiez vous-même, douée *d'un*

caractère angélique, remplie de douceur, et avec cela, une ame, mais une ame aimante. Vous voyez bien, mon oncle?...

M. DE SIRVAL.

Je vois, je vois que tu es devenu fou...

ALFRED.

Et vous aussi...

M. DE SIRVAL.

Comment? et moi aussi...

ALFRED.

Ce n'est pas ce que je voulais dire...

M. DE SIRVAL.

Ecoute, Alfred, c'est abuser de ma bonté, et je saurai te punir.

ALFRED.

Vous êtes injuste à mon égard.

M. DE SIRVAL.

Je suis injuste?...

ALFRED.

Air : *Eh! ma mère, est-c' que j'ai ça.*

Oui, je crie à l'injustice!
Sans surprise croira-t-on
Que mon oncle me punisse
Quand je lui donne raison?

M. DE SIRVAL.

Me montrer ta déférence.
Soit! c'est agir comme il faut!
Mais tu devais, je le pense,
Me donner raison plutôt!

ALFRED.

Je n'ai pas pu me presser davantage.

M. DE SIRVAL.

Ainsi?

ALFRED.

Tout ce qui arrive, c'est de votre faute... ce sont vos conseils qui ont tout fait.

M. DE SIRVAL.

Ah! çà, mais, dis donc, sais-tu que tu me promènes?

ALFRRD.

Oh! mon oncle.

M. DE SIRVAL.

Monsieur, j'exige de vous...

ALFRED.

Puisque j'avoue mes torts, que voulez-vous de plus? Faut-il, parce qu'aveuglé par je ne sais quelle pensée, j'ai tantôt rejeté un hymen qui me promet le bonheur, faut-il, quand je reviens à la raison, que je sois cruellement puni de cette erreur?... Et puisqu'il est temps encore...

M. DE SIRVAL.

Il est temps, lorsque je viens de dire à Mme de Blainville...

ALFRED.

Mme de Blainville... Quoi! vous avez cru... vous avez été aussi la dupe...

M. DE SIRVAL.

Comment? sa dupe...

ALFRED.

C'est le mot. J'ai tout découvert.

M. DE SIRVAL.

L'amour de Céline pour Saint-Léon...

ALFRED.

Je sais ce qui en est... Je viens de causer avec Céline.

M. DE SIRVAL.

Elle t'aimerait?...

ALFRED.

Elle m'aime comme on n'aime pas. (*à part.*) Je puis lui dire cela sans mentir.

M. DE SIRVAL.

Ceci est différent.

ALFRED.

Elise, par cette ruse, voulait rompre mon hymen, et assurer le bonheur de Saint-Léon... mais ses projets seront déjoués, n'est-il pas vrai mon oncle?

M. DE SIRVAL.

Certainement!

ALFRED.

Nous leur prouverons que nous sommes aussi fins qu'eux, et que ce n'est pas nous qu'on abuse.

M. DE SIRVAL.

Laisse-moi faire, je vais donner mes instructions au notaire... c'est une chose arrangée. (*Il sort.*)

SCÈNE XI.

ALFRED, SAINT-LÉON.

ALFRED, *à lui-même.*

Ce bon oncle!... Mme de Blainville, vous apprendrez... il n'y a plus à revenir... je ne veux pas seulement la voir... (*Apercevant Saint-Léon.*) Saint-Léon..... prenons notre revanche. (*Haut.*) Te voilà...j'allais te trouver... Eh bien! mon ami, tout est fini.

SAINT-LÉON.

Ah! (*à part.*) est-ce que, par hasard, il reviendrait à

Mme de Blainville? avant de faire ce qu'elle desire, tâchons qu'il s'explique... (*haut.*) tu dis donc...

ALFRED.

Oui, tout est fini... j'épouse Céline...

SAINT-LEON.

Et moi?

ALFRED?

Toi? eh bien! épouse Mme de Blainville, qu'est-ce que cela te fait?... puisque tu m'as dit que tu n'étais pas amoureux de ma cousine?

SAINT-LÉON.

Sans doute. (*à part.*) Je suis pris. (*haut.*) Mais, qui a pu te suggérer cette nouvelle idée?

ALFRED.

La réflexion...

SAINT-LÉON.

Tu réfléchis... toi?

ALFRED.

Cela t'étonne, et moi aussi... mais enfin, cela est arrivé.

SAINT-LÉON.

Ces choses là sont faites pour moi; ainsi dans un instant tu as changé?

ALFRED.

S'il en était ainsi, j'aurais été entraîné par l'exemple.

Air : *Restez, restez, troupe jolie.*

Changer est la règle commune
Et chaque jour le prouve assez.
On change comme la fortune;
On quitte ceux qu'elle a laissés.
Pour moi pourtant, je le confesse,
Le changement n'a pas d'appas..
Je n'ai changé que de maîtresse...
Cela mon cher, ne compte pas.

SAINT-LEON, *à part.*

Il me ferait rire malgré moi.

ALFRED.

Et puis, ce mariage m'assure une fortune considérable... J'aurai une table excellente, et avec ce surcroît de mérite, je puis aller loin.

SAINT-LEON.

Air : *Vaud. de l'Etude.*

Alfred, tu plaisantes sans doute,

ALFRED.

Non, je parle, raison d'honneur.
Pour réussir, c'est bien la route;
Car notre siècle est très-mangeur.
Grands et petits, hommes d'affaires,
Gens de génie et gens d'esprit,
Commis, banquiers, surnuméraires,
N'ont jamais eu tant d'appétit.

Ainsi, il ne me reste plus qu'à te remercier de ta complaisance. SAINT-LEON, *à part.*

Allons, il est déterminé, suivons les intentions d'Elise... (*haut.*) Alfred, je ne puis souffrir davantage ce ton ironique; et je cesse de plaisanter.

ALFRED, *vivement.*

Comme tu voudras. (*à part.*) Enfin, il se fâche.

SAINT-LEON.

Depuis long-temps Céline connaissait mon amour, et son cœur daignait y répondre...

ALFRED.

Tu te flattes...

SAINT-LEON.

Lorsqu'il fut question de vous unir à elle, j'accourus pour vous la disputer, mais vous êtes vous-même venu m'offrir sa main, et je ne vous parlai point de mon amour.

ALFRED.

Tant pis pour toi.

SAINT-LEON.

Aujourd'hui que, par je ne sais quel vertige, vous changez subitement d'avis, je viens vous déclarer mes prétentions et vous annoncer qu'il faut que les armes décident entre nous...

ALFRED, *vivement.*

J'allais te le proposer.

SAINT-LEON, *à part.*

On n'accepte pas avec plus de grâce! (*haut.*) Un autre

motif rend ma vengeance encore plus excusable; l'affront que vous faites à ma cousine...

ALFRED.

C'est bon! c'est bon!... Tu n'as sans doute rien de ce qui est nécessaire; moi, j'ai là haut des pistolets de Lepage, et des épées, tu m'en diras ton avis?

SAINT-LEON, *à part.*

Quelle tête!

ALFRED.

Un mariage... un duel... Ah? je m'étais bien dit que tous les événemens de cette journée seraient heureux!

Air : *Vaudeville des Scythes.*

Non, tu ne peux concevoir, je te jure,
Ce qu'aujourd'hui tu fais pour mon bonheur!
Je désirais séduire ma future;
Et ce duel va m'assurer son cœur.
J'aurais sans doute obtenu sa tendresse,
Mais franchement ici, je l'avouerai,
Cela manquait pour combler mon ivresse;
Un coup d'épée... et je suis adoré

Je viens te chercher dans l'instant. (*Il sort.*)

SCÈNE XII.

SAINT-LEON, Mme DE BLAINVILLE, CELINE.

Mme DE BLAINVILLE.

Hé bien?

SAINT-LEON.

J'ai rempli vos intentions; et il est allé chercher des épées.

Mme DE BLAINVILLE.

A merveille!

CELINE.

Mais s'ils allaient se battre!

Mme DE BLAINVILLE.

Ils ne se battront pas.

SAINT-LEON.

Il a pris ma proposition tout à fait au sérieux.

Mme DE BLAINVILLE.
C'est à moi d'arranger cette affaire.
SAINT-LEON.
Vous voulez être mon témoin ?
Mme DE BLAINVILLE.
Je fais mieux... je prends votre place!
SAINT-LEON.
Quoi !...
Mme DE BLAINVILLE.
Retirez-vous... Céline enmène-le...
SAINT-LEON.
Mais encore faut-il que...
Mme DE BLAINVILLE.
Un mot de plus et non seulement vous ne vous battez pas avec Alfred, mais vous n'épousez pas Céline.
SAINT-LEON.
Je suis muet.

CELINE.
C'est bien heureux.
Air : *Vous que j'ai vu paraitre.*

En vain pour la confondre
Il parlera bien haut,
Elle a tout ce qu'il faut,
Je crois, pour lui répondre,
Lui répondre !
Au rendez-vous
Laissons-le, retirons-nous,
Au rendez-vous
Elle risque bien moins que vous.

ENSEMBLE.
Mme DE BLAINVILLE.
En vain pour me confondre
Il parlera bien haut;
Car j'ai tout ce qu'il faut,
Je crois, pour lui répondre
Lui répondre !
Au rendez-vous
Je ne crains rien entre nous.
Au rendez-vous
Oui, je risque bien moins que vous!

SAINT-LÉON.
En vain pour la confondre
Il parlera bien haut,
Elle a tout ce qu'il faut

Je crois pour lui répondre
Lui répondre !
Au rendez-vous
Tout près je veillerai sur vous.
Au rendez-vous
Elle risque bien moins que vous.
CÉLINE.
En vain etc.

(*Céline et Saint-Léon sortent ensemble.*)

SCÈNE XIII.

Mme DE BLAINVILLE, ALFRED, *Il entre avec deux épées. Dans cette scène, madame de Blainville doit avoir beaucoup de sang froid et de douceur.*

ALFRED, *sans regarder, essuyant les épées.*

J'ai choisi les meilleures que j'ai pu trouver... Coulon me les a données de confiance... et si vous voulez, monsieur, (*Il lui présente les épées en croix.*) ciel ! Elise.

Mme DE BLAINVILLE, *avec dignité et douceur.*

Oui, moi-même ; je viens vous rendre raison.

ALFRED.

Madame... c'est que... je ne croyais pas... si j'avais pensé...

Mme DE BLAINVILLE.

D'où naît cet étonnement, je remplace Saint-Léon.

ALFRED.

Vous, madame ?

Mme DE BLAINVILLE.

Air : *Vaud. de la Somnambule.*

Oui, par vous je fus offensée ;
Je viens en cette occasion,
De l'outrage qui m'a blessée,
Demander satisfaction.

ALFRED, *se remettant*

Un instant... sur votre présence,
J'étais loin de compter ici ;
Je dois changer mes moyens de défense,
Puisque j'ai changé d'ennemi.

(*Il pose les épées sur un fauteuil.*)

Mme DE BLAINVILLE.

Je ne vous demande pas d'être galant... je vous demande d'être franc : et d'abord, Alfred, dites-moi ce qui vous a si fort irrité contre Saint-Léon.

ALFRED.

Ce qui m'a si fort irrité ?

Mme DE BLAINVILLE, *avec douceur.*

Oui, dites...

ALFRED, *s'arrêtant, à part.*

Cette voix, ce regard, m'ont déjà tout déconcerté... allons donc du courage ; (*Haut et gaîment.*) moi, j'étais de l'humeur la plus agréable ! c'est votre cousin qui a le caractère mal fait.... il se fâche parce que j'aime Céline.

Mme DE BLAINVILLE, *doucement.*

Vous ne dites pas la vérité.

ALFRED, *vivement.*

Je vous réponds....

Mme DE BLAINVILLE, *de même.*

Cela ne se peut pas...

ALFRED, *vivement.*

Et pourquoi, s'il vous plaît ?

Mme DE BLAINVILLE, *de même.*

Parce que vous m'aimez toujours.

ALFRED, *plus vivement.*

Parce que je vous aime toujours... moi ?

Mme DE BLAINVILLE, *tranquillement.*

Oui, monsieur.

ALFRED.

Celui-là est fort, par exemple.... (*A part.*) Je voudrais pourtant bien la dissuader.

Air : *Non, non, non ma nièce, vous n'aimez pas.*

> Soutenir que je vous préfère !
> Ah ! je ne puis vous concevoir ?
> Je vous assure le contraire ;
> Je dois, j'espère, le savoir ?

Qui vous croire encore me plaire !
Y songer me met en colère...
Madame, craignez ma fureur !

Mad. DE BLAINVILLE, *avec calme et gentillesse en le regardant.*

Non, vous ne me faites pas peur.

ALFRED.

Même air.

Parce que je vous ai chérie,

La regardant avec tendresse.

Que je vous vois avec plaisir,
Vous pensez encor je parie,
Que mon amour va revenir ;
Vous croyez séduire mon âme.

Elise prend l'air le plus doux possible.

Avec cet air plein de douceur,

Vivement. J'aime Céline, elle m'enflame...
Je vais l'épouser.

Mad. DE BLAINVILLE, *le retenant vivement.*

Ah ! monsieur...

Avec calme. Non, vous ne me faites pas peur !

ALFRED.

Mais, madame, à vous entendre.

Mme DE BLAINVILLE, *sans prendre garde à ce qu'il dit.*

Comment pourriez vous vous excuser ? répondez :

ALFRED, *a part, la regardant.*

Elle m'interroge comme un coupable. (*Haut, vivement.*) Hé bien ! puisque vous voulez une explication, voyons, récapitulons.

Mme DE BLAINVILLE.

Récapitulons :

ALFRED.

Ce matin j'avais consenti à épouser Céline... j'apprends que vous êtes veuve, que je vais vous voir... je renonce à Céline, à sa fortune, au risque de m'attirer le courroux de mon oncle... Saint-Léon se présente à moi ; je lui propose de me remplacer... et lui, loin de répondre à ma franchisse..x.

Mme DE BLAINVILLE, *souriant*.

Je comprends à présent vos griefs contre Saint-Léon.

ALFRED, *vivement*.

Et vous, madame !

Mme DE BLAINVILLE.

Oui, parlons de moi.

ALFRED.

Le portrait que vous avez tracé de mon caractère à votre jeune amie, est-il fait pour me donner une haute idée de votre opinion sur mon compte... et si quelques erreurs de jeunesse, quelques étourderies m'ont valu une réputation que j'ai l'amour-propre de croire usurpée, était-ce une raison pour appeler sur moi l'indifférence ou le mépris d'une femme destinée à porter mon nom ; et cette lettre que Céline m'a remise elle-même ?... (*Il lui montre la lettre.*)

Mme DE BLAINVILLE, *avec le plus grand calme*.

Céline ?... c'est donc là... et vous l'avez-vous lue toute entière ?...

ALFRED.

Oui, madame...

Mme DE BLAINVILLE.

Et vous n'êtes pas satisfait ? vous êtes difficile !

ALFRED.

Difficile !... ah ! par exemple ; les épithètes dont vous voulez bien m'y gratifier, tout ne me prouve-t-il pas que l'intérêt seul de deux amans vous guidait, et qu'aussi dissimulée que coquette, vous vouliez seulement les servir, et ne point vous engager !...

Mme DE BLAINVILLE, *après avoir fait un mouvement, repreprenant le même calme*.

Et vous l'avez sans doute bien méditée cette lettre que vous me présentez comme un acte d'accusation.

ALFRED, *la dépliant*.

Ce qu'elle renferme est très-clair.

Mme DE BLAINVILLE.

Qu'y a-t-il donc dans cette lettre ? voyons...

ALFRED.

Ce qu'il y a? tenez...

« C'est bien le plus franc étourdi, la tête la plus légère... » vous voyez?

Mme DE BLAINVILLE.

Mais vous n'avez pas tourné la page...

ALFRED.

J'espère qu'il y en a assez comme ça!

Mme DE BLAINVILLE.

Tournez la page.

ALFRED, *lisant.*

» Enfin c'était ce qu'on appelle un mauvais sujet...

Mme DE BLAINVILLE.

Vous ne tournez pas la page, monsieur.

ALFRED, *retournant la page, et lisant.*

» Mais... » (*vivement.*) il y a un mais... (*lisant.*) « Je dois
» convenir qu'au milieu de ces défauts qui tiennent à son
» âge et à la fougue des passions, il est noble, sensible,
» généreux, et que s'il m'avait été permis de choisir....
(*jetant la lettre.*) Ah! ma chère Elise!..

Il tombe à ses genoux.

SCÈNE XIV.

Les mêmes, SAINT-LEON, CELINE et ensuite
M. DE SIRVAL.

CÉLINE.

Je savais bien que cela finirait par là!...

SAINT-LÉON.

Céline m'appartient.

ALFRED, *aux genoux de mad. de Blainville.*

Mes amis, priez-la pour moi.

Alfred.

Mme DE BLAINVILLE.

Il n'en est pas besoin; vous êtes à mes genoux, je suis satisfaite. (*Alfred lui baise la main.*)

M. DE SIRVAL *arrivant du côté opposé à celui par lequel Saint-Léon et Céline sont entrés.*

Hé bien! hé bien! qu'est ce que je vois donc? Définitivement comment faut-il vous unir?

ALFRED *montrant Saint-Léon qui tient la main de Céline.*

Mon cher oncle, comme nous sommes là : Tous les torts étaient de mon côté; consentez...

M. DE SIRVAL.

Sais-tu que c'est pour la quatrième fois?

ALFRED.

C'est juste, mon oncle, mais c'est la dernière.

M. DE SIRVAL.

Oui... hé bien! ne le quittez pas; et qu'il soit marié sans désemparer..., et vous aussi...

ALFRED.

Oh! soyez tranquille, je ne veux plus m'échapper.

Air : *Vaud. de Turenne.*

Tantôt un accès de démence,
M'avait amené dans ces lieux ;
Et le desir de la vengeance
Brûlait dans mon cœur soupçonneux.

Mme DE BLAINVILLE.

Que votre présence a de charmes !
Contre vous, qui pourrait tenir ?
Pour vaincre je croyais venir...
Et c'était pour rendre les armes !

M. DE SIRVAL.

Voilà un mariage qui m'a fait faire bien du chemin. Rien n'est difficile comme d'en finir avec ces mauvais sujets.

SAINT-LÉON.

VAUDEVILLE FINAL.

Air : *de Doche.*

Long-tems nos maîtres sur la scène
Ont montré les Grecs, les Romains ;
Pour d'autres succès Melpomène
Peut ouvrir de nouveaux chemins.
De l'honneur comme de la gloire,
Cherchez-vous les nobles portraits ?
Jeunes auteurs, dans notre histoire,
Venez puiser tous vos sujets !

M. DE SIRVAL.

En tous lieux on est philantrope ;
Voyez chez Thalie, à présent :
Plus de grondeur, de misantrope,
Plus d'avare, plus de méchant !
Quelque fois la coquetterie
Y produit encor de l'effet ;
Mais certainement je défie
Qu'on y trouve un mauvais sujet.

CÉLINE.

Les hommes médisent des belles ;
C'est toujours un plaisir pour eux.
Cependant, ce n'est que par elles
Qu'ils sont, et peuvent être heureux.
Un mot, un rien sait les séduire,
Grand ou petit, maître ou valet,
Tel qui fait trembler un Empire,
Tremble à nos pieds, comme un sujet !

ALFRED, *à Mad. de Blainville*

Chéri, respecté pour lui-même,
Un époux est un Roi, dit-on ?
Au milieu des enfans qu'il aime,
Il doit régner dans sa maison.
Pour rendre vrai cet axiôme :
Ah ! seconde bien mes projets ;
Et que je sois dans mon royaume
Le père de tous mes sujets !

Mme BLAINVILLE, *au public.*

Pour vous plaire ce vaudeville,
Fut composé sans contredit :
Quel qu'il soit il vous est facile,
Messieurs, d'y trouver de l'esprit.
En rien votre délicatesse,
De son succès ne souffrirait !
Ce n'est pas la premièrepièce,
Qu'on applaudirait sans succès.

FIN.

www.ingramcontent.com/pod-product-compliance
Lightning Source LLC
Chambersburg PA
CBHW070710050426
42451CB00008B/577